KLEINE GESCHICHTE DES FEMINISMUS Patu & Antje Schrupp
Copyright © 2015 Unrast Verlag
Korean Translation Copyright © 2016 by Breathing Book Factory
All rights reserved.
The Korean language edition published by arrangement with
Unrast Verlag through MOMO Agency, Seoul.

이 책의 한국어판 저작권은 MOMO Agency 를 통해
Unrast Verlag 와의 독점 계약으로 "숨쉬는책공장"에 있습니다.
저작권법에 의해 한국 내에서 보호를 받는 저작물이므로 무단전재와 무단복제를 금합니다.

페미니즘의 작은 역사

안체 슈룹 글 파투 그림 김태옥 옮김

이브와 아담 또는, 페미니즘이란 과연 무엇인가?

대부분의 문화권에서는, 대개 성별을 정확히 2개인 남성과 여성으로 나누어 구분한다. 이에 관해서는 《성경》의 창조 신화가 아담과 이브로 나눠 이야기하고 있는 것으로도 알 수 있다.

"여호와 하나님이 아담을 깊이 잠들게 하시니 잠들매 그가 그 갈빗대 하나를 취하고 살로 대신 채우시고 여호와 하나님이 아담에게서 취하신 그 갈빗대로 여자를 만드시고 그를 아담에게로 이끌어 오시니 아담이 이르되 이는 내 뼈 중의 뼈요, 살 중의 살이라, 이것을 남자에게서 취하였은즉 여자라 부르게 하리라!"

이는 종종 남성이 먼저, 그다음 여성이 "그의 갈비뼈"로부터 만들어졌다고 해석된다. 하지만 히브리어 "아담"은 남자의 이름이 아니며 단지 "인간"을 뜻할 뿐이다. 아담에게는 성별이 없었다. 이브를 만듦으로써 여성이 세상에 나온 것이 아니라 성별 간 차이가 생긴 것이다. 즉 중성적 인간인 "아담"으로부터 여성과 남성이 탄생했다.

아담과 남성을 동일시하는 것은 어디에 문제가 있는지를 잘 보여 준다. 상당히 많은 문화권에서 남성들은 인간 자체와 혼동된다. 어떤 언어는 2개의 성별을 지칭하는 데 단 하나의 단어만을 사용한다(예를 들어 프랑스어의 "옴므 Homme"와 같이). 여성이 파생된, 부족한, 하위의 존재인 반면 남성은 "인간 그 자체"인 것이다.

이는 항상 종교, 지배적 이데올로기, 그리고 시대에 따라 다르게 형성된 실제적인 결과물로 이어진다. 예를 들어 여성은 돈과 권리를 적게 갖고, 제한적으로만 자신을 드러내며, 권력의 지위에 도달할 기회도 더 적게 얻는다. 또한—양성평등이 실현된 사회에서—그들은 "동등"하게 취급되지만 남성적 기준에 맞춰 평가된다.

이렇게 남성을 우위에 두는 것을 "가부장제(말 그대로 하자면 아버지의 지배)"라고 하는데 이는 아주 다양한 형태로 존재한다. 이 위계질서는 성별 간의 관계에서뿐만 아니라 또 다른 형태의 지배까지 포괄한다. 예를 들어 아이들, 시녀, 머슴에 대한 가장(집주인)의 지배, 노예들에 대한 자유인의 지배, 이민자에 대한 "원주민"의 지배, "하층민"에 대한 "상층민"의 지배 등.

가부장제가 역사적으로 어떻게 탄생됐는지, 그리고 그 원인이 무엇인지에 대해서는 이론이 분분하다. 일부는 5000년 전에 기존의 문명이 서서히 사라지면서 시작된 역사적 발전의 결과라고 말한다. 어떤 사람들은 성별에 특화된 노동의 분화가 임신과 출산 때문에 여성들에게 불리하게 돼 버린 상황의 어쩔 수 없는 결과라고 믿는다. 또는 너무 많고 다양한 현상들을 하나로 묶어 버린다는 이유로 "가부장제"라는 개념을 아예 거부하는 사람들도 있다. 실제로 "가부장제적" 사회는 너무 다양해서 그 개념으로 구체적인 상황을 분석하기에는 무리가 있다. 그러나 그 사회들에는 공통점도 있다. 모든 가부장제적 사회에는 페미니즘이 있다. 다시 말해서 남성에 대한 여성의 종속을 거부하고 여성의 자유를 옹호하는 사람들—남성보다는 여성들이 많은—이 존재한다.

페미니즘은 고정된 내용을 갖고 있는 강령이 아닌 하나의 태도라고 보아야 한다. 페미니스트들은 성별의 차이를 중요한 분석의 도구로 보지만 그렇다고 사회적 절차나 상황을 무시하는 것은 아니다. 그리고 그들은 행동 철학에서 여성의 자유라는 범주를 기본 방향으로 삼고 있는데, 여성의 자유는 그 자체로 가치로운 것이지만 확실하게 정착되지 못했기 때문이다.

그 외에도 페미니스트들은 아주 다양하고 때로는 대립적인 관점을 갖고 있다. 이는 항상 그 시대의 구체적인 문제에 의해, 그리고 당연히 관련 사상가나 행동가 자신의 주관적 사고와 관점에 의해 규정된다.

따라서 페미니즘을 이해하고자 할 때에는 명백한 정의를 요구하지 말고 항상 맥락을 보아야 한다. 하지만 누구도 스스로 판단하고 자신만의 입장을 갖기를 회피하지는 말아야 한다. 왜냐하면 "하나의 페미니즘"은 존재하지 않으며 언제나 새로운 제안, 연구결과, 그리고 지식만이 있을 뿐이기 때문이다.

이 책에서는 몇몇 페미니즘 사상과 그 전개과정이 소개된다. 동시에 독일의 담론에 내재하고 있으며 저자들이 잘 알고 있는 유럽과 서양의 페미니즘에 중점을 두게 될 것이다. 페미니즘은 세상 모든 곳에 존재했고 존재하지만 상황에 따라서만 다르게 보일 뿐이다.

고대

유럽의 고대—말하자면 그리스와 로마—로부터 전해 내려온 글은 이미 가부장제적 사회의 것이었다. 따라서 고대 유럽의 글을 통해 알 수 있는 것은 남성들의 철학적, 정치적 사고들뿐이었다. 여성들이 쓴 글은 많이 전해지지 않았다. 때문에 당시 여성들이 생각하던 것, 전념하던 것, 인간 세상에 대해서 그들이 어떻게 생각했는지는 앞으로도 계속해서 어둠 속에 묻혀 있을 것이다.

몇몇 여성들의 자취는 파편적으로나마 전해지고 있다. 추측건대 기원전 7~6세기에 시인 사포는 레스보스 섬에 살며 사랑과 에로틱에 관한 시를 썼다.

철학자 프톨레마이스는 3세기에 책 《피타고라스의 음악 원리》를 썼다. 플라톤은 소크라테스의 제자였던 철학자 디오티마에 대해서 언급했으나 진짜로 존재했는지는 분명치 않다.

이 시대의 여성들이 쓴 글이 독자적인 형태로 전해 내려오지 않기 때문에 우리는 간접적으로만 그들의 생각을 접할 수 있다.

이를 위해 초기 기독교의 전도사였던 바울의 삶 가운데 한 단면을 들여다보도록 하자.

그러나 현실에서는…….

여성들이 실제로 항상 침묵했다면 바울의 충고는 필요하지 않았을 것이다. 전체 고대를 통틀어 여성에게 순종적인 삶을 살고, 남성 특히 남편에게 종속되고, 집안일에 집중하고, 반대를 하지 말라는 등의 사항을 요구하는 글이 쓰였다.

특히 2, 3세기에는 여성의 역할에 대해서 광범위한 토론이 있었던 것으로 보인다. 그리스의 학파 "그노시스"에서 나온 몇몇 글들에서 보이는 것처럼 여성들에게도 그들이 "남성처럼 된다면" 도달할 수 있는 "성별이 없는" 영성과 지식에 대한 사상이 있었던 것으로 보인다.

중세의 페미니즘

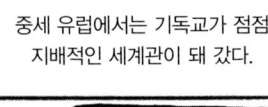

중세 유럽에서는 기독교가 점점 지배적인 세계관이 돼 갔다.

조심해, 기독교도가 온다!

신은 나를 대리자로 고르셨어!

아니야! 나야!

저 위의 것들은 나를 짜증스럽게 만드는구나! 너를 향해 아래로 임하리라!

교회가 엄격한 위계질서를 가진 순전히 남성적 조직이었음에도 불구하고 이 위계질서에 복종하지 않는 여성들이 많았다. 그러나 그들은 기독교 자체를 거부한 것이 아니라 예를 들면 환영이나 신비주의적 통찰과 같이 성직자를 통하지 않는 신과의 직접적인 접촉을 구했다. 그들은 남성에 의해 만들어진 교리가 여성에게는 유효하지 않다는 근거를 자주 들었다.

독일 수도원 원장인 힐데가르트 폰 빙엔(1098~1170)은 그 시대의 권력자들과 수많은 갈등(세속적, 종교적)을 겪었다. 그는 환영을 보는 것이 자신의 통찰을 더 높은 우주적 질서 속에 있도록 해 준다고 믿었다.

신이 남성이라면 그는 남성적 신이야.

댓츠 롸잇, 맨!

카톨릭 신학자였던 메리 데일리(1928~2010)는 20세기 페미니즘 신학의 대표적인 선각자였다. 1973년에 발간된 책 《하나님 아버지를 넘어서*》는 많은 여성에게 영향을 끼쳤다. 데일리 스스로도 이후 교회에 완전히 등을 돌렸다.

다수의 여성 신비주의자는 여성의 경우 세속의 권력구조에 편입되지 않았기 때문에 신과 직접적으로 접촉하는 것(오늘날에는 어떤 행동이 옳은가에 대한 것이라고 말할 수 있다)이 더 수월하다는 입장을 갖고 있었다.

1280년에 환영을 본 밀라노의 빌헬미나처럼 교회의 위계질서에 공개적으로 도전한 사람들도 있었다.

예수는 나를 남성의 형상으로 재현했다. 너, 빌헬미나는 나의 여성적 현현이다.

2년 뒤…….

메이프레다. 나는 곧 죽을 거예요. 내가 시작한 것을 마무리 지어 주세요. 당신은 여성적 위계질서에 기반을 둔 교회를 세워야 해요.

그러나 빌헬미나의 숭배자들은 종교재판에 회부됐으며 메이프레다는 1300년에 이교도로 몰려 화형당했다.

13세기부터 유럽 여성들은 결혼과 수도원 밖에서 공동체적 삶을 누리려는 욕구를 강하게 느끼기 시작했다. 그들은 짝을 짓거나 소규모 집단을 만들어 함께 생활했는데 최대 100명으로 구성된 수도원들도 있었으며 혼자서 혹은 무리를 지어 떠돌아다니기도 했다.

이들을 지칭하기 위해 "반속 수도원 여성단체"라는 개념이 생겨났다. 어떤 곳에는 고정된 규칙이 없었고 어떤 곳에서는 공동의 삶을 위한 규약을 만들었다. 대다수의 반속 수도원은 구성원들의 노동으로 생계를 꾸렸는데, 주로 공업이나 간호, 또는 상업에 종사했다.

가장 잘 알려진 반속 수도원 여성단체 회원은 프랑스의 마르그리트 포레트 (약 1260~1310)인데, 그가 쓴 책 《단순한 영혼의 거울*》은 라틴어가 아니라 일반어로 쓰인 첫 번째 종교 교리서였다. 이 책에서 포레트는 교회나 이성이나 덕이 아닌 사랑을 통해서만 신을 찾을 수 있으며 모든 것은 "사랑할" 줄 아는, 즉 특정하고 구체적인 상황에서 옳은 일을 할 수 있는 능력에 달렸다고 했다. 또한 법과 추상적 규칙은 세상에 올바름을 전해 주지 않는다고 했는데, 이렇게 보았을 때 포레트는 초기 아나키스트라고 할 수 있다.
이 책은 철학적 논문이 아니며 실천적이고 실험적인 길(1970년대의 여성 운동 서적들과 마찬가지로)을 제시하고 있다.

1310년 오순절, 파리.

그럼에도 불구하고 그의 책은 널리 퍼졌으며 14세기에는 라틴어, 영어, 이탈리아어로 번역됐다.

초기 교회는 반속 수도원 여성단체를 묵인했으나 14, 15세기에는 박해하기 시작했고, 폐쇄하든지 교회가 통제하는 수도원으로 바꾸라고 강요했다. 그럼에도 이 공동체들 중 몇몇은 19세기까지 살아남았다.

그러나 공식적인 여성 수도원을 두는 것 또한 독립적인 여성적 전통이었다. 예를 들어 스페인의 수도원 원장인 아빌라의 테레사(1515~1582)는 자신이 설립한 수도원을 위해 규칙을 만들었는데, 남성이 만든 규칙이 여성에게는 쓸모가 없다고 보았기 때문이다. 테레사 역시 종교재판에 회부됐으나 그의 교의는 결국 정통 신앙으로 인정받았으며 1622년에는 성인으로 선포됐고 1970년에는 첫 번째 여성 교리사로 추대됐다.

페미니즘 사상을 지배적 이데올로기의 눈으로 보지 않는 것은 중요한 일이다. 교회가 독창적인 사상을 가진 여성들 중 일부를 화형장에서 불사르고 또 다른 일부는 성인으로 선포한 것처럼, 오늘날에도 어떤 페미니즘 사상은 신자유주의에 편입되고 또 다른 사상은 유토피아적이라며 비웃음을 당한다.

16세기의 개혁과 더불어 많은 여성 수도원이 강제로 폐쇄됐으며 그곳에 살던 여성들은 살아남기 위해 결혼을 해야만 했다. 이는 곳곳에서 여성들의 독립적 전통과 삶의 방식이 파괴됐다는 것을 의미한다.

20세기의 페미니즘 신학에 이르러서야 이 중 많은 전통들—남성들이 쓴 교회의 역사에는 나오지 않는—이 재발견됐다.

근대의 페미니즘

근대에는 기독교적 사상이 국민국가 사상, 법체계, 그리고 학문에 의해 서서히 밀려났다. 그러나 안타깝게도 이것이 여성의 지위가 나아졌다는 것을 뜻하지는 않았는데, 소위 "객관적"으로 말해서……

신의 의지와 이브의 원죄를 나란히 놓고 봅시다…….

……새로운 학문적 지식은 여성이 어쨌든 우매한 존재라는 결론을 내렸어요.

예, 우리 법률가들도 동의할 수밖에 없어요.

현재까지도 영향을 미치고 있는 근대 초기의 가장 유력했던 페미니스트는 프랑스의 철학자이자 작가인 크리스틴 드 피잔(1365~1430)이다. 그는 1405년 책 《여성들의 도시•》에서 많은 동시대인들이 갖고 있는 여성 적대적인 관점, 특히 여성은 남성에 비해 재능이 부족하다는 관점을 섬세한 아이러니를 통해 날카롭게 비판했다.

어떻게 이리도 많은 남성들이 여성들에 대해 이처럼 불쾌한 이야기들을 퍼뜨릴 수 있지?

이 책은 14세기에서 18세기까지 유럽 전역에서 벌어졌던 여성의 존재와 지위에 대한 논쟁인 소위 "여성 논쟁"에 관해 여성이 입장을 밝힌, 몇 안 되는 알려진 텍스트다.
"여성 논쟁"에서는 "여자도 인간인가"에 관한 노골적인 싸움부터 여성은 동물의 수준에 있다는 주장을 거쳐 여성의 존엄과 자유를 옹호하는 데까지 다양한 입장이 있었다.

일반적으로 이 시기에 "여성 문제"에 대한 시각이 급진화됐다고 말할 수 있다. 한편으로는 여성 혐오가 마녀사냥에서 볼 수 있는 것처럼 늘어났다. 그러나 다른 한편으로는 여성들이 상대적으로 많은 영향력을 행사하는 하위문화가 발전했는데, 예를 들어 귀족들 사이에서 일어난 운동인 소위 "프레시오지테"가 그것이다.

왜냐하면 평등사상은(성별 간만이 아니라 인간 간의 평등 역시) 엄격한 위계질서를 갖고 계급에 따라 조직된 당시 사회에서는 완전히 이치에 어긋난 것으로 받아들여졌기 때문이다. 구르네는 이로 인해 비웃음거리가 됐다.

"남성들 스스로가 만들어 낸 거만한 특혜에 맞서
여성의 상황을 변호하는 사람들 중 대다수는 그 반대쪽으로 간다.
즉 여성의 특혜로. 나로서는 모든 극단을 피하고
여성과 남성이 평등해지는 것에 만족한다."

계몽시대의 페미니즘

일어나! 이성은 성별을 몰라!

인간 평등사상은 유럽에서 1789년의 프랑스 혁명과 결합된 18세기 계몽주의를 통해 널리 퍼졌다. 봉기에는 많은 여성이 참여했다. 전설적인 10월 5일의 "베르사이유를 향한 여성들의 행진"에는 8,000여 명의 여성 노동자와 시민들이 참여했다.

빵과 밀가루가 부족하다!

왕은 물러나야 한다!

혁명의 구호는 그러나······.

자유! 평등! 박애(형제애)!

형제? 그 평등이 여성에게는 유효하지 않은 건가?

인간=남자라는 말이야?

"내가 차후에도 계속하게 될 생각을 여기에서 밝힌다면 웃음거리가 될 것이다. 나는 여성들이 정부 협의체에 실질적인 지분이 없이 임의로 통치받는 대신 정부에 참여해야 한다고 확신한다."

잠시 덧붙이자면 울스턴크래프트의 딸인 메리 쉘리는 1818년 세계적인 베스트셀러 《프랑켄슈타인*》을 썼으며 이는 오늘날에도 여전히 현대 과학의 오만에 대한 걸작이다.

페미니스트들은 처음부터 모든 인간이 평등하다고 가정할 수 있지만 동시에 인간의 절반을 그로부터 배제할 수도 있다는 사상에 반대해 저항했다. 그중 가장 유명한 인물은 메리 울스턴크래프트와 올랭프 드 구주다.

영어 교사이며 작가인 메리 울스턴크래프트(1659~1797)는 1790년에 이미 인간평등에 대한 책을 썼다. 1792년 그는 혁명의 결과에 대한 상을 현장에서 느끼기 위해 파리로 갔다.

여성은 남성의 마음에 들기 위해 만들어졌다.

장-자크 루소(1712~1778), 프랑스 철학자.

기다려라, 내 새로운 책이 나올 때까지, 장-자크!

울스턴크래프트는 파리에서 책 《여성의 권리 옹호•》를 집필했다. 그는 의존성을 기르는 여성 교육을 비판했고 지금까지도 많은 페미니스트에게 중요한 논거—여성과 남성 간에 실제로 존재하는 차이는 "자연적" 원인을 가진 것이 아니라 사회 속에서 비로소 생겨났다는—를 강렬하게 각인시킨 선구자 중 한 사람이었다.

프랑스의 예술가이자 인권 활동가인 마리 구즈(1748~1793)는 가명인 올랭프 드 구주라는 이름으로 더 유명하며 1791년에 책 《여성과 여성 시민의 권리에 대한 성명*》을 썼다.

그는 17세 때 강제로 결혼을 했으며 이른 시기에 정치에 눈을 떴다. 구주는 프랑스 혁명 전에 이미 노예제 폐지, 이혼권, 그리고 다른 사회적 논제에 관련된 활동을 했다.

여성분들, 우리 내부에서도 혁명이 일어날 시기가 되지 않았나요? 아니면 영원히 서로 고립된 채로 머물러······.

단두대에 오를 권리를 가진 여성들에게는 연단에 오를 권리 또한 부여돼야 한다는 것이 그가 했던 유명한 재담이었는데, 올랭프 드 구주는 이를 비극적인 방식으로 실현시켰다. 1793년 로베스피에르의 공포정치에 대한 정치적 관점 때문에 다른 많은 이들과 마찬가지로 기요틴에서 처형됐다.

초기 사회주의적 페미니즘

"노동자들이여, 다음의 내용을 잘 이해하도록 노력해 보기 바랍니다. 여성을 억누르고 교육에서 제외하는 법은 프롤레타리아 남성도 억압합니다."

1843년에 트리스탄의 주요 저작인 《노동자 연합*》이 출간됐는데—마르크스와 엥겔스가 공산당 선언을 쓰기 5년 전에—여기에서 동업 조합과 직업 분야를 뛰어넘는 노동자들의 동맹을 제안했을 뿐만 아니라 여성에 대한 억압과 무산자에 대한 억압 사이의 연관성을 분석했다. 트리스탄은 1844년 티푸스로 젊은 나이에 사망할 때까지 프랑스 이곳저곳으로 강연을 다니며 자신의 사상을 알렸다.

조직화된 여성 운동의 시작

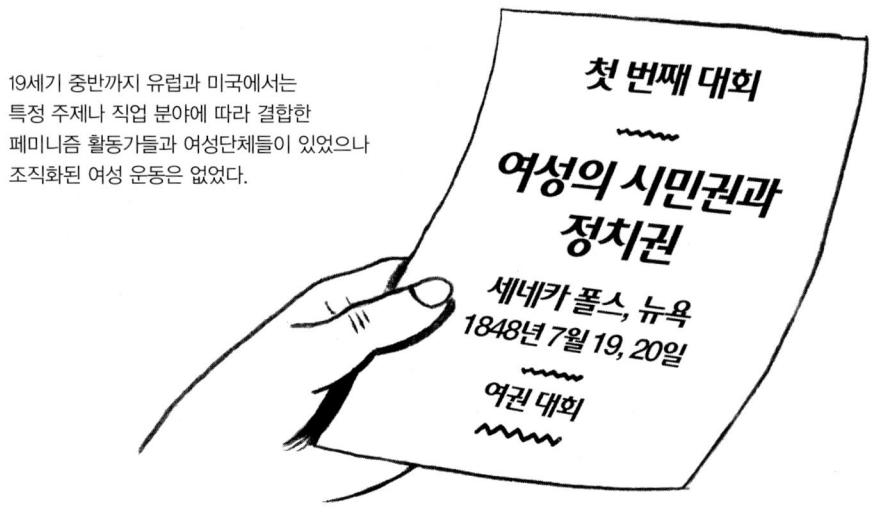

19세기 중반까지 유럽과 미국에서는 특정 주제나 직업 분야에 따라 결합한 페미니즘 활동가들과 여성단체들이 있었으나 조직화된 여성 운동은 없었다.

첫 번째 대회
여성의 시민권과 정치권
세네카 폴스, 뉴욕
1848년 7월 19, 20일
여권 대회

그래서 미국의 페미니스트들이 이틀 동안 뉴욕에서 개최한 대회는 많은 주목을 받았다.

2명의 선도자들은······.

거의 모든 회합과 정치적 토의에서 여성은 대표자로 참여하지 못하고 심지어는 장소에 들어가지도 못해요. 이런 관행은 사라져야 해요. 엘리자베스!

맞아요! 우리의 목표는 여성들이 더 많은 사회적, 정치적 영향력을 행사하는 거예요.

루크레치아 모트(1793~1880), 여권 운동가이며 퀘이커교도.

엘리자베트 케디 스탠튼 (1815~1902), 시민권 및 여권 운동가.

유럽에서도 19세기 중반 이후 수많은 여성단체가 설립됐고 국내외적인 대회가 개최됐다. 동시에 지식인 남성들 사이에서는 반페미니즘적 분위기가 퍼졌는데 "반페미니즘적"이란 "반여성"을 뜻한다.

쥘 미슐레, 피에르-조제프 프루동, 어거스트 콩트 및 수많은 정치 활동가, 작가, 그리고 지식인들은 여성들의 정치적, 사회적 참여를 향한 소망을 거부했다.

여성을 적대하는 이 흐름은 또 하나의 페미니즘 서적을 등장시키는 데 영향을 끼쳤다. 페미니스트들은 반페미니스트들의 천박한 명제들을 일부는 진지하게, 일부는 비꼬면서 해체시켰다. 특히 1858년 프랑스에서 출간된 줄리엣 아담(1836~1936)의 《사랑, 여성 그리고 결혼에 대한 반프루동적 사상*》과 1902년 독일에서 출간된 헤드빅 돔(1831~1919)의 《반페미니스트들*》이 널리 알려졌다.

"우리의 적들은 사방에서 온다. 다시 말해서 그들은 여성들의 정신적이고 신체적인 열등함을 들어 반대의 근거로 삼거나, 천직이 집안을 다스리는 일이며 섬세하고 상냥하다는 이유로 모든 것을 무마하려 한다. 그러나 대다수의 경우 이중으로 짜인 것은 찢어지지 않는다는 유명한 어구를 잊지 않고 두 가지 싸움의 방식을 동시에 사용한다. 근본적으로 그들의 논거는—우리에게 때때로 윤리적이고 미적인 감정의 물결이 덮쳐 온다는 것을 제외하고는—입증될 수 없는 주장일 뿐이다." _헤드빅 돔

노예 출신의 순회포교사인 소저너 트루스(1798~1883)는 1851년에 있었던 미국 여성 회의에서 여성을 약하고 보호해야 할 성으로 보는 소위 "긍정적 차별"을 허구라고 폭로했을 뿐만 아니라 부르주아적 성 클리셰의 인종차별도 비판하여 깊은 인상을 남겼다.

저 여자는 여기서 뭘 하는 거야? 뭐, 들어가는 걸 막을 수야 없지.

난 흑인 여성이 우리 회의에서 연설하는 데에 반대야.

여성들이 참정권을 갖고 싶어 한다고요? 우스운 일이죠. 여성은 남성의 도움 없이 웅덩이 하나도 건널 수가 없어요.

막 생겨나고 있던 여성연합과 단체들이 다루는 주제는 세 가지로 요약된다. 직업 노동에의 좀 더 나은 기회, 고전적 결혼에 대한 비판과 불평등한 결혼법(자유연애 사상과 자주 연결되는), 그리고 참정권에 대한 요구가 그것이다.

여성의 직업 노동

19세기 여성 운동의 가장 중요한 의제는 직업 노동을 할 기회였다. 직물 산업으로부터 시작된 산업화 초기에는 여성 노동자가 더 많았다.

"뭘 저렇게 쳐다보는 거야? 우리 임금이 낮은 게 내 탓은 아니잖아."

"그래, 저들은 우리를 경쟁 상대로 볼 게 아니라 노동조합에 넣어 줘야지. 우리도 임금을 더 많이 받고 싶다고!"

그러나 공장 노동이 중요해질수록 남성들로 구성된 노동조합들은 여성 공장 노동자들의 채용을 금지하거나 적어도 제한할 것을 요구했다. 유럽 노동자들의 첫 번째 상부 조직인 제1차 인터내셔널(1864~1872) 또한 이런 식의 입장으로 첫 번째 회의를 마무리 지었고 차후에야 온건한 입장으로 돌아섰다.

부르주아 여성들에게는 이 문제가 좀 다른 식으로 드러났는데…….

"나야 일해서 돈을 벌고 싶지. 그게 어떻게든 가능하다면. 하지만 내가 할 수 있는 일이 뭐야? 공장 노동이라도 해야겠어?"

"공장 노동? 맙소사! 그건 하층민들을 위한 거야. 우리들은 떳떳하게 할 수 없는 일이지. 유감스럽지만 가내 부업으로 바느질을 해서는 돈을 별로 벌지 못해."

"그렇게 많은 부르주아 여성들이 생계를 아버지나 남편에게 의존하는 건 놀라운 일이 아니야."

그래서 합당한 임금을 받고 존중받을 수 있는 직업 노동으로 향한 길은 그 시기 거의 모든 페미니즘 활동의 중심 주제였다. 페미니스트들은 자립을 위한 이니셔티브를 만들고, 이 주제를 경제적으로 논하고, 상응하는 정치적 조치를 위한 로비 활동을 조직했다.

이 과정에서 대다수는 소위 여성들을 위한 "보호법"에 반대하는 입장으로 돌아섰는데, 이는 여성들의 신체적 조건이나 임신 가능성을 이유로 특정 활동을 법적으로 금지하는 것이었기 때문이다. 여기 몇 가지 예만 들어 보아도…….

이 이니셔티브는 기업이 고객들에게 공격적인 가격 정책을 펼쳤다는 이유 때문에 더더욱 남성 인쇄 직공들과 노동조합의 엄청난 반발에 직면했다.

독일에서는 특히 언론인이며 페미니스트인 루이제 오토-페터스(1819~1895)가 여성의 직업 노동을 위해 진력했다. 그는 1849년 《여성 신문》을 발간했으며 ("자유의 왕국에 여성 시민들을 모집합니다" 라는 유명한 모토 아래) 여성 노동자와 하인연합을 설립했고 1866년에는 《직업에서의 여권*》이라는 책을 출간했다.

그는 1865년 라이프치히에서 첫 번째 독일 여성 회의를 조직화하는 데 참여했고 이후 30년간 여성을 위한 재교육의 기회도 제공하는 "독일 총 여성연합"을 이끌었다.

제 소망은, 여성 노동자들의 직업 노동권을 지원하고 그들을 정치적 여권을 획득하기 위한 아군으로 얻는 것입니다.

"남성들이여! 도덕성과 조국과 인간성의 이름으로 여러분들에게 요구합니다. 노동 조직에서 여성을 잊지 마십시오!" _루이제 오토-페터스

자유연애 / 결혼에 대한 비판

그러나 다수의 페미니스트는 결혼의 법적 측면뿐만 아니라 그 속에 감춰진 성도덕을 문제 삼았다. 프랑스의 작가인 조르주 상드(1804~1876)와 같은 사람들은 난혼을 하며 그것을 비밀로 하지도 않았다. 미국의 페미니스트이자 사회주의자인 빅토리아 우드헐(1838~1927) 같은 사람들은 여성들의 성적인 자기결정권을 적극적으로 요구했다.

"그렇다. 나는 자유연애 추종자다.
나는 원하는 사람을,
할 수 있는 만큼의 시간 동안
사랑할 권리가 있으며 그 사랑을
매일 바꿀 수도 있다.
이는 양도할 수 없는, 헌법에 근거한,
자연법칙에 상응하는 권리이며
당신들 중 누구도, 어떤 법률도
나에게 그것을 금지할 권리를
갖고 있지 않다."
_빅토리아 우드헐

특히 당시 학업을 위해 서유럽으로 많이 이주했던 러시아의 "허무주의자"들이 이목을 집중시켰다. 그들은 종종 같은 의견을 가진 남성들과 위장 결혼을 했는데 미혼 여성은 러시아에서 외국으로 나갈 수 없었기 때문이다. 그들은 성별 규범의 폐지를 선동했으며 전형적인 여성 복장을 거부했고 남성적인 태도와 생활양식을 장려했다.

그러나 이런 실천들은 페미니즘 내부에서도 찬성만 얻은 것은 아니었다. 여성 운동가들 중 소수만이 전통적 가족제도를 완전히 없애고자 했다. 이 주제에 관해서 다양한 여성 단체들 모두가 항상 같은 궤도를 따르지는 않았으며 부분적으로는 반대 입장에 서기까지 했다.

예를 들어 독일에서는 19세기 후반 즈음 세 가지 다른 흐름이 나타났다.

미나 카우어(1841~1922), 리다 구스타파 헤이만(1868~1943), 아니타 아우크스부르크(1857~1943) 그리고 헬레네 슈퇴커(1869~1943)를 위시한 "급진주의자"들…….

우리는 결혼으로부터 독립적인 여성의 지위와 새로운 성도덕을 요구합니다.

……헬레네 랑에(1848~1930)와 게르트루드 보이머(1873~1954)를 비롯한 "온건주의자"들.

우리는 결혼의 강제성과 부당한 법률을 폐지하는 데 찬성합니다. 하지만 어머니로서 여성의 역할은 중요하다고 생각합니다. 페미니스트적 해방 운동은 한계를 갖고 있습니다.

……그리고 "전업주부로서의 직업"을 높이 사고 결혼제도에 대해 근본적인 비판은 하지 않는 "보수주의자"들이 있었다.

여성의 참정권과 정당정치

참정권을 둘러싼 투쟁과 관련한 페미니즘적 입장 또한 다양했다. 이 문제도 부르주아 여성들에게 특히 중요했는데, 19세기에는 많은 국가들에서 참정권이 재산과 연관돼 있었기 때문이다. 따라서 프롤레타리아 남성들도 대부분 선거로부터 배제됐다.

아나키즘과 같은 사회주의적 흐름들은 사회의 근본적인 전복을 원했으며 노동 운동을 정당의 형태로 의회주의와 연결시키는 것에 반대했다.

미국에서는 이 문제가 심지어 여성 운동의 분열까지 가져왔다. 1869년 남북 전쟁이 끝난 뒤 흑인 남성의 참정권은 도입됐으나 여성은 그러지 못했다.

루이제 미첼(1830~1905), 프랑스 아나키스트.

그럼에도 다수의 페미니스트는 이 변화를 반겼는데, 그 속에서 흑인 시민들을 위해 중요한 진전을 보았기 때문이다. 수잔 앤토니(1820~1906)와 엘리자베스 캐디-스탠튼(1815~1902)과 같은 급진적 여권 운동가들은 그와 달리 반감을 갖고 있었는데, 그들은 여성 참정권 문제가 다시 수면 아래로 내려갈 것이라고 예견했기 때문이다. 그래서 졸렬한 인종차별을 해 가면서까지 비판을 이어 갔는데, 예를 들어 이제 모두가 "빔보와 삼보"를 선출할 수 있지만 교육받은 여성은 그렇게 될 수 없다며 야유를 보내기도 했다. 엘리자베스 캐디-스탠튼 역시…….

19세기 후반에는 점점 더 많은 페미니스트가 여성 참정권 획득을 위한 투쟁에 지지를 보냈으며 남성들과의 동맹도 늘어 갔다. 특히 주목을 받았던 이들은 기발한 활동, 법적인 책략, 그리고 철저한 공격적 행동으로 참정권이라는 주제를 부각시켰던 영국의 서프러제트들이었다. 이제 때가 무르익었다. 20세기에 이르러서는 거의 모든 나라들이 여성들에게 참정권을 부여했다. 1902년에는 호주, 1906년에는 핀란드, 1913년에는 노르웨이, 1915년에는 덴마크, 1918년에는 폴란드, 독일, 그리고 오스트리아, 1920년에는 미국, 1928년에는 영국, 1930년에는 터키, 1944년에는 프랑스, 1946년에는 이탈리아, 그리고 1971년에는 스위스에 여성 참정권이 도입됐다.

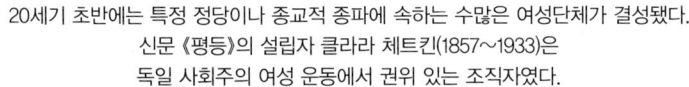

어쨌든 이후로 정치적 노선과 여성 연대를 향한 소망 사이의 긴장은 관점의 차이를 넘어서 페미니즘 내부의 꾸준한 (어려운) 문제가 됐다.

"제2의" 성?

여성 참정권의 도입과 더불어 제기된 또 하나의 문제는 형식적 권리가 여성의 사회적 지위를 반드시 개선하지는 않는다는 점이었다. 1949년 프랑스의 철학자 시몬 드 보부아르(1908~1986)는 이에 관한 책을 썼다.

여성에게는 타고난 본성이 있다고 하지.

나는 한 번도 약자라고 느껴 본 적이 없고 이제까지 내 삶을 항상 비관습적으로 스스로 결정하며 꾸려 왔다. 그럼에도 "여성으로 존재한다"는 것은 모든 여성을 2차적 지위로 내몰지.

그는 《제2의 성》에서 성역할이 어떻게 법적으로만이 아니라 문학, 도덕, 그리고 문화적 관례 차원에서도 깊이 뿌리내리고 있는지를 서유럽의 문화와 철학의 역사를 통해 연구했다.

"나는 여성에 관한 책을 쓰는 데 오랜 기간 망설였다. 이는 특히 여성들에게 불쾌한 주제다. 그리고 새롭지도 않다. 그런데 여기에 문제가 존재하는가? 있다면 무엇인가? 여성이 대체 존재하긴 하는가?"

보부아르의 가장 유명한 말은 다음과 같다:

"여성으로 태어나는 것이 아니라 여성으로 만들어진다."
성의 관념과 그에 관한 인식은 문화적으로 규정되며 단순히 "사물의 본성"에 기인하는 것이 아니다.

그는 여성들의 수동적이고 종속적인 역할이 단순히 남성들로부터 부여된 것이 아니라 여성들 스스로 그에 크게 기여하고 있다고 말하기를 주저하지 않았다.

우리 모두는 절반의 피해자이며 절반의 공범자예요.

보부아르는 특히 어머니의 역할로부터 여성이 해방돼야 한다고 주장했고 여성들에게 직업적이거나 정치적인 경력 쪽으로 더 많은 에너지를 쏟아서 성별의 차이가 점점 사라질 수 있도록 만들기를 요청했다.

시몬 드 보부아르는 20년이 지나서야 새롭게 발굴돼 여성 운동의 아이콘이 됐다.

보부아르의 문화 분석이 당시나 지금이나 대부분의 페미니스트에게 공유되긴 했지만 모두가 그의 결론에 동의하는 것은 아니었다. 프랑스의 정신분석학자 뤼스 이리가레(1930 출생) 역시 그랬다.

보부아르는 남성적 생활양식을 기준으로 삼고 여성이 거기에 맞추도록 요구했을 뿐이에요.

1974년 발간된 책 《다른 여성의 검시경•》에서 이리가레는 "남성성"이 문화뿐 아니라 상징적 질서와 언어의 근간을 이루고 있다는 것을 보여 준다.

여성들은 일단 자신들만의 언어를 찾아야 하며 자유로운 여성적 주체성을 만들어 내야 합니다. 그다음에야 여성과 남성이 진정으로 관계를 맺을 수 있어요.

성적 차이가 현실이 될 수 있으려면 사고와 윤리의 전복이 필수입니다. 모든 것이 새롭게 정의돼야 하며 그 첫 번째는 주체가 보편적이거나 중성적이라고 제시되더라도 남성적이라고 규정된다는 사실입니다.

이 두 가지의 입장으로부터 평등과 차이에 관한
페미니즘 논쟁이 광범위하게 펼쳐졌으며 오늘날까지 이어지고 있다.

"평등 페미니즘"과 "차이 페미니즘" 사이의 갈등은 제한적으로만 자주 소개됐다.
평등 페미니스트들이 가끔 너무나 무비판적으로 남성적인 규범을 따른다는 것도 맞는 말이고
일부 차이 페미니스트들이 여성의 "태생적" 본성 같은 것이 있다고 믿는다는 것도 맞는 소리다.
그럼에도 양자는 평등과 차이 사이의 해결할 수 없는 갈등 같은 문제를 지혜롭게 풀어 갔다.

 # 자율적 여성 운동

1960년대 미국과 유럽에 퍼져 나간 학생 운동의 물결 속에서 다시 자율적인 여성 운동이 조직됐다. 여기에서 "자율적"이란 페미니스트들이 더 이상 그들의 조직, 정당, 종파에 일차적으로 의무감을 느끼지 않고 여성으로서 자각하고 단결하는 것을 말한다. 도화선은 혁명적인 운동들 또한 남성에 의해 주도되는 데 대한 실망이었다.

독일에서는 영화 감독인 헬케 산더(1937년 출생)가 다른 여성들과 함께
"여성 해방을 위한 행동 회의"를 설립했다.

1968년 9월 프랑크푸르트에서 있었던 SDS의 대회에서는 유명한 "토마토 투척사건"이 있었다. 행동 회의의 요구에 대해 이야기한 산더의 연설 뒤에 남성들이 토론도 없이 다른 주제로 넘어가려 했을 때, 관중석에 있던 지그리드 뤼거는 장바구니에 있던 토마토를 연단에 있던 동지에게 던져 토론을 하도록 강제했다.

1970년대 "분리주의"의 실천은 중심지에서뿐만 아니라 소도시에서도 여성단체, 여성 서점, 여성 카페 등을 만드는 활동으로 이어졌다. 미국의 페미니스트들은 여성들이 서로 경험을 나누고 이를 정치적으로 성찰해 보는 "의식화" 작업을 고안해 냈는데, 이는 다른 나라들에도 전파됐다.

제2차 여성 운동에서는 레즈비언 여성들이 주요 역할을 담당했다.
아마도 그들이 사적인 관계에서 이미 "여성으로서의 정체성"을 가지며
그들의 일상이 여성 운동의 분리주의적 입장과 잘 어울리기 때문인 것으로 보인다.
물론 이전에도 함께 사는 여성 커플들(예를 들어 리다 구스타파 헤이만과
아니타 아우크스부르크와 같이)이 있었지만 제1차 여성 운동에서는 공론화되지 않았다.

"레즈비어니즘"의 주요 이론가들 중 하나는
프랑스의 작가 모니크 위티그(1935~2003)였다.
그의 관점에 따르면 레즈비언들은
여성이 아닌데, 그 이유는:
"레즈비언이 여성들과 함께하고,
사랑을 하고, 같이 산다는 말은 틀렸을 수 있다.
왜냐하면 "여성"이란 이성애자적 사고체계와
이성애자적 경제 시스템에서만
의미를 갖기 때문이다.
레즈비언은 여성이 아니다."

레즈비언들은 페미니즘 활동을 통해 동성애자 운동에서 남성의 우세를 비판했다.

동성 간의 사랑이 받아들여지는 것이
우리의 문제가 아니야.

우리는 성별이라는 개념 자체에
의문을 제기하고 싶어!

우리 중 다수는 여성 동성애가 단지
성 정체성일 뿐만 아니라 정치적 진술이라고
이해하고 있어.

좋아.
준비됐어?

응.

다른 여성에 대한 사랑을 숨겨 왔던 여성들은 비로소 그들의 관계를 공개화했다.

원래 남성과 함께 살았고 아이까지 낳은 사람들이 여성 운동을 하면서 일상을 여성들과 보내기로 결심한 경우도 많았는데 그들을 소위 "행동 레즈비언"이라 부른다. 그 슬로건 중 하나는 다음과 같다.

1980년대 초반 미국의 시인이자 문화학자인 애드리언 리치(1929~2012)는 "레즈비언 연속체"라는 개념을 주창했다. 그는 사회적으로 "강요된 이성애"를 분석하고 가부장적 사회에서 여성의 동성애는 여성이 남성과의 관계 속에서만 만족을 느낀다는 잘못된 생각 때문에 터부시된다고 결론을 내렸다. 리치에 따르면 "여성 동성애"은 모든 여성의 문제다.

"레즈비언 연속체라는 개념은 한 여성이 다른 여성과 생식기를 통한 성을 경험하거나 의식적으로 원하는 것뿐만 아니라 모든 여성의 삶을, 그리고 역사를 가로질러 여성과 관련된 경험의 전체를 포괄한다."

페미니즘 신문도 많이 발간됐는데
독일에서 가장 잘 알려진 신문으로는
《용기》(1976~1984)와 지금까지도 존재하는
《엠마》(1977년 창간)가 있다.

1970년대 여성 운동이 출발하는
이 시기를 "제2의 물결"이라고 부른단다
(참정권을 둘러싼 투쟁인 "제1의 물결" 이후).

내용적으로는 특히 세 가지 서로 연관된 주제가 이 시기에 중요하게 취급됐다:
자신의 몸에 대해 스스로 결정할 권리를 요구하는 것,
성적 폭력에 관련된 일을 적발하는 것,
그리고 양육과 가사 및 가족에 관련된 일을 새롭게 규정하는 것.

스스로 결정하는 임신에 관한 투쟁

1971년 4월 카트린느 드뇌브와 잔 모로 등의 유명인들을 포함한 프랑스인 350명은
《르 누벨 옵세르바퇴르》에 낙태한 경험이 있다고 밝혔다.
1971년 6월 독일에서는 알리스 슈바르처(1942년 출생)의 주도로 센타 베르거와
로미 슈나이더 등이 《슈테른》에 같은 방식으로 낙태금지법 폐지를 요구했다.

낙태했다고 밝힌 여성들 모두가 실제로 낙태한 것은 아니었다. 중요한 것은 모든 여성들이
겪을 수 있는 임신에 대해서 스스로가 결정할 수 있는 권리를 분명히 하는 것이었다.

미국의 페미니스트들은 텍사스 주의 낙태금지법에 반대하는 서명 활동을 했다.
실제로 미국의 연방 대법원은 1973년 "로 대 웨이드사건"에서
태아가 자궁 밖에서도 생명을 이어 갈 수 있는 상태가 아닌 한 낙태를 허용한다는 판결을 내렸다.

동독에서는 1972년 인민의회가 임신 3개월까지의 낙태를 허용했다.
서독의 의회도 1974년 "임신 중절 기한 규정"을 의결했으나 헌법재판소에서 다시 기각됐다.

당시의 논쟁을 낙태라는 주제로 환원시키는 것이 모든 페미니스트들의 마음에 든 것은 아니었다. 다른 주제를 더 중요하게 생각하는 사람들도 많았고 그런 요구들이 충분히 제기되지 않았다고 생각하는 사람들도 있었다. 미국의 활동가 슐라미스 파이어스톤(1945~2012)은 1970년에 이미 《성의 변증법*》이라는 베스트셀러에서 생물학적 가족의 완전한 폐지를 옹호했다.

파이어스톤에 따르면 사람은 엄마와 아이 사이의 관계가 특별히 고착되지 않은 주거 공동체 속에서 같이 살아야 한다. 그는 인공 번식을 통해 생물학적 임신이 없어지는 이상향을 꿈꿨다. 이런 방식을 통해서 성별의 차이가 아무런 역할도 하지 않는 사회를 만들 수 있을 것이었다.

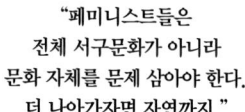

"페미니스트들은 전체 서구문화가 아니라 문화 자체를 문제 삼아야 한다. 더 나아가자면 자연까지."

1970년대의 조직화된 여성들은 정치적 요구 이외에 실용적인 실천도 했다. 그들은 낙태가 허가된 네덜란드로 가서 피임 방법에 대해 서로 정보를 나누었고 여성 건강 센터를 설립했으며 질을 스스로 관찰하는 등 자신의 몸을 탐구했다.

가정 폭력

1970년대의 어떤 여성단체…….

"우리 중에 그렇게 많은 사람이 결혼 생활 중에 또 연애를 하면서 폭력을 경험했다고는 전혀 생각하지 못했어요."

소위 여성 운동의 "제2의 물결"에서 두 번째로 큰 주제는 여성과 아이들에 대한 가정 폭력을 공론화하는 것이었다.

그제야 많은 여성들에게 가정이 안식처가 아니며 그 반대로 위험한 장소라는 사실이 공론화됐다.

가정에서의 폭력은 여성 센터나 체험을 주고받는 모임에서 경험을 나누는 일을 통해 비로소 개별적 사안이 아니라 구조적 문제임이 드러났다.

페미니스트들은 당시 거의 모든 도시에서 독자적으로 여성 구호센터와 여성의 집을 만들었다. 가정 폭력의 피해자들은 그곳에서 비관료적인 절차를 통해 받아들여졌다.

정치적 영역에서 그들은 부부 사이의 강간 금지를 위해 활동했다.

1997년 독일에서는 결국 해당 형법이 개정됐다.
당시 자율적으로 설립됐던 여성의 집과 상담 센터들은 국가에 의해 운영되거나
공적으로 재정 지원을 받게 됐다.

가사노동, 보살핌, 모성

세 번째 주제는 성별에 따라 특화된 노동 분업, 즉 남성은 돈을 벌고 여성은 (보수 없이) 가사노동과 양육을 담당하는 것이었다.

이미 "여성 해방을 위한 행동 회의"는 "사적 삶과 사회적 삶의 부르주아적 분리를 지양할 것"을 결의했다. 헬케 산더는 엄마와 교육자가 함께 주도권을 갖고 대안적인 아동 보육 시설을 설립한 사설 유치원 운동의 창시자 중 한 사람이었다. 이는 가정일과 돌봄을 스스로 조직하는 것뿐만 아니라 반권위적인 관점으로 아이들의 개성을 진지하게 받아들이는 새로운 교육학적 구상에 관한 것이기도 했다.

논쟁의 중심은 어떤 방식으로 가사노동과 돌보는 일을 새롭게 규정하고 경제적으로 조직화할 수 있을 것인가에 있었다. "가사노동을 위한 임금"을 요구하는 사람들은 주부의 수입을 보장하는 것뿐만 아니라 가사노동을 경제의 일부로 가시화하는 것(가정 내에서 보수를 받지 않는 요리, 청소, 세탁, 양육이 "노동"이라는 것은 당시 많은 사람에게 아주 새로운 사고방식이었다)을 목표로 했다. 성별 간에 가사노동과 직업노동을 동등하게 분배하거나 가사노동을 강력하게 전문화하고 집단화하자고 요구하는 사람들도 있었다. 이 논쟁이 진행되면서 여성의 "자연스러운" 소명은 모성 및 그와 관련된 돌봄이라는 주장이 비판적으로 검토됐다.

1987년 녹색당과 관련된 한 여성 모임은 직업을 갖지 않은 엄마를 위한 기초 보장과 가사노동의 가치 절상을 요구하는 소위 "어머니 선언"을 발표했다. 이는 성별 고정관념을 강화한다는 비판을 받기도 했다.

가사노동이 오늘날까지 사적인 일로 취급받는 반면, 사회적 발전의 결과는 직업노동에서 성별 간의 "대등함"으로 나타났다. 직업노동의 우위는 상응하는 법 개정, 즉 부양법의 포괄적 제한이나 부모지원금의 개조 등을 통해 이루어졌다.

직업노동 진출은 1990년대부터 2000년대에 걸쳐 계속 늘어나 여성들에게 경제적인 안전장치를 마련해 줬다. 가사노동과 돌봄을 위한 기본 조건의 문제는 현재 "케어"라는 개념 아래에서 더욱더 격렬히 논쟁 중이다. 이제 여성들이 1960년대보다 명확히 더 많은 직업의 기회를 누리는 데 반해 남성들은 케어 노동에 거의 참여하지 않고 있다.

이제 "주부"들이 더 이상 존재하지 않는데 기존의 "주부노동"은 누가 하느냐는 문제가 남았고 아직도 해답은 나오지 않고 있다. 그 결과 일단 직업을 가진 어머니들이 스트레스와 이중 부담을 얻게 된다. 그리고 법적으로 불명확한 조건 아래에서 가정집에 고용되는 이주민들에게 집안일이 넘어가게 되며, 공공시설에 아웃소싱하는 경우 비용 문제 때문에 질 낮은 서비스를 받거나 그곳에서 일하는 사람들이 열악한 노동조건에서 보수를 적게 받는 상황이 벌어지게 된다.

페미니즘 이니셔티브들은 계속해서 "케어"라는 주제를 다뤘다. 2014년 3월에는 이런 활동들이 베를린의 "케어 혁명" 회의에서 결합돼 케어 문제를 정치적 논쟁으로 다루고자 하는 네트워크가 생겨났다.

우머니즘과 교차성 — 백인, 중산층 여성의 우세에 반대하여

※1932년부터 미국에서는 정부의 인종차별적 정책을 반영하는 강제 불임 수술에 관한 법률이 있었다. 대상자는 특히 토착민, 치카나(멕시칸-아메리칸), 푸르에토 리코인, 그리고 아프로-아메리칸 들이었다.

이미 1960년대에 여성권에 대한 백인과 중산층의 관점이 지배적임을 비판하는 여성들이 목소리를 내기 시작했다. 예를 들어 시인 오드리 로드(1934~1992) 같은 경우…….

"백인 페미니즘 이론이 우리 사이에 차이가 존재하며 억압의 정도 또한 다르다는 것을 문제 삼지 말아야 한다고 생각한다면, 당신들이 페미니즘 이론에 관한 회의장에 있을 동안 당신들의 집을 청소하고 아이들을 돌보는 여성들이 주로 가난하고 '유색 인종 여성들'이라는 사실은 어떻게 다룰 것인가요?"

……또는 1981년에 책 《여성, 인종 그리고 계급*》을 펴낸 철학자 안젤라 데이비스(1944년 출생)가 있다.

"흑인 여성으로서 나의 정책과 정치적 소속은 내 민족의 자유를 향한 투쟁 및 전 세계의 억압받는 민중의 투쟁에 참여하는 일과 깊이 연관돼 있습니다."

이 차이들을 분명히 하기 위해 흑인 활동가들은 "우머니즘"이라는 개념을 사용했다. 다양한 차별들 간의 서로 얽힌 관계는 "3배의 억압(Triple Oppression: 성, 피부색, 계급)"이라는 개념으로 설명했다.

1980년대 후반 법학자 킴벌리 크렌쇼(1959년 출생)는 "교차성"이라는 개념을 사용했다. 이 개념은 다양한 차별의 형태가 단순히 더해질 수 있는—예를 들어 여성이고 흑인이며 레즈비언인 어떤 사람—것이 아니라는 점을 분명히 한다. 그보다는 다양한 차별의 수준이 서로 얽혀 있어서 한 측면의 특수한 성격 또한 변화시킨다는 것이다. 예를 들어 한 흑인 여성은 여성으로서 백인 여성과는 다른 방식으로 취급받는다.

개념들은 이리저리 떠돈다…….

원래는 "인종", 계급, 성별의 3개 범주였다.

"인종" 범주의 경우 미국의 경우를 독일의 상황에 적용할 수 없다.

이내 분명해진 것은 이 3개의 범주 외에 수많은 불평등이 다양하게 존재한다는 것이었다. 예를 들면 성적 지향성, 신체 규범, 나이 등에 기반을 둔 차별이 있다.

이제 페미니즘에서 교차성을 바탕으로 한 접근 방식은 현실적으로 간혹 부족한 면이 있음에도 불구하고 필수적인 것이 됐다.

여성 후원과 성주류화(젠더 메인스트리밍)

1980년대에 여러 나라의 여성들은 여성이 동일한 지위를 획득할 수 있도록 하기 위해 정치적 제도 내에서 활발히 활동했으며 여성을 후원하기 위해 필요한 법 이니셔티브도 만들었다.

1995년 베이징에서 189개 국가의 공식 대표들이 참가한 가운데 열린 제4차 세계여성회의가 그 절정이었다. 토의 결과는 각 국가들이 정치, 경제, 그리고 사회적 차원에서 성평등을 촉진해야 하며 여성의 빈곤을 극복하고 여성에 대한 폭력을 방임하지 않는 의무를 갖는다는 것이었다. 이 정책에서 중요한 것은 "섹스"와 "젠더", 즉 생물학적 성과 사회적 성역할의 구분, 그리고 사회적 규범과 행동 모델이 생물학적 여성이나 남성으로부터 도출되지 않고 교육과 사회를 통해서야 비로소 생성된다는 사실을 강조하는 일이었다.

이후 개별 국가와 유럽 전체의 차원에서도 이러한 방향으로 많은 법률들이 제정됐다.
"성주류화"라는 이상 아래 유럽연합과 회원국들은 정책을 성별이라는 관점에서 "주류화"할,
즉 어떤 조치가 여성과 남성에게 차등적으로 영향을 미치는지를
의식적으로 고려할 의무를 갖게 됐다.
다수의 기관에서 여성과 평등에 관한 일을 담당하는 부서가 생겼다.

처음에는 자율적 여성 운동에 몸담았으며 페미니즘적 정책을 기관들에 전파하고자
확실히 노력하는 여성들이 주로 이 부서를 맡았다.
그러나 시간이 지나면서 점차 스스로를 페미니스트로서 자각하지
않는 여성 공무원들이―부분적으로는 남성들도―그 자리를 많이 차지하게 됐다.

평등 대신 자유

그러나 페미니즘적 요구의 제도화는 페미니스트들 사이에서 상반된 반향을 낳았다. 다수는 여성들이 남성과의 평등, 그리고 남성적 문화와 그들의 룰에 적응하는 것을 통해 자유로워지리라는 생각을 거부했다. 이와 관련하여 연대를 통해 함께 요구사항을 내세우는 "우리 여성들"이라는 것이 있다는 생각 역시 비판의 대상이 됐다.

이 "비본질적 차이 페미니즘"의 선구자는 밀라노의 여성 서점을 중심으로 모인 이탈리아 페미니스트와 베로나에 있는 철학자 공동체인 디오티마다. 1989년에는 그들의 책 《여성의 자유는 어떻게 생겨나는가*》가 발간됐는데, 여기에서 한 작가 집단은 여성의 자유가 다른 여성들과의 의미 깊고 강한 유대관계 위에 기초한다는 명제를 제시했다.
이 방향으로 활동한 주요 사상가 중 한 사람은 루이자 무라로(1940년 출생)라는 철학자다.

"우리는 여성들 사이의 관계와 욕망의 해방을 통해 여성임을 좀 더 자유롭고, 낮고, 편안하게 만드는 데 도움이 되는 힘과 에너지가 아주 많이 존재한다는 것을 배웠다. 그러나 정당, 좌파, 국가, 유럽연합은 페미니즘에 평등사상을 심어 놓았다. 그들은 우리 머릿속에 여성들이 새로운 사회를 고안하는 대신 권력을 넘겨받아야 한다는 생각을 불어넣었다."

이 페미니스트들에 따르면 여성들은 "요구의 정치(국가에, 정치에, 남성들에게)"를 하는 대신 그들의 소망과 계획을 다른 여성들에게 위임할 수 있어야 한다.
이 사상은 "아피다멘토(신뢰)"라는 개념으로 독일에도 알려졌다.

퀴어 페미니즘

같은 시기에 페미니스트들은 "남성적"과 "여성적"이라는 범주에 대해 근본적으로 의문을 제기하기 시작했다.

어머, 저 여자 옷 다 젖었어.

그래, 근데 여기로 들어올 수는 없어. 진짜 여자가 아니잖아.

맞아! 여성이라는 건 호르몬 제제로 살 수 있는 게 아니야!

그럼 내 우산을 마련하지 뭐!

아니면 또 다른 식으로도……

퀴어 정치가 시작되는 순간으로는 1960년대 크리스토퍼 스트리트의 스톤월 인 바에서 있었던 싸움을 들 수 있다. 이곳에서는 중산층 게이와 레즈비언들을 위한 바에서 배제당한 사람들, 즉 트랜스*, 드랙퀸, 유색인종 LGBTI, 성매매 노동자, 그리고 노숙자들이 주로 교제를 했다.

그들은 당시 소위 "게이 바"에서 일상이었던 폭력적 일제 단속 중 가장 심한 경우를 만났다. 오늘날 이 인종 차별적이고 트랜스 차별적이며 동성애 혐오적인 경찰 폭력에 대항한 봉기를 기리기 위해 "크리스토퍼 스트리트의 날"을 위한 행사가 곳곳에서 벌어진다.

트랜스*란 컴퓨터에서 명령어를 줄 때 *가 "전부"라는 의미를 갖는 것에 착안해 만들어진 개념으로 트랜스섹슈얼뿐만 아니라 트랜스젠더, 트랜스베스타이트, 젠더리스, 바이젠더, 젠더퀴어 등을 모두 포괄한다._역자 주

"'생물학적 성'은 이상적 구성물이며 시간과 더불어 강제적으로 물화된다. 그것은 육체의 단순한 사실이거나 정지된 상태가 아니라 하나의 과정이며, 여기에서는 조정을 담당하는 규범들이 '생물학적 성'을 물화하고, 이 물화는 그 규범의 강제적이고 부단한 반복을 목표로 한다."
_주디스 버틀러

처음에 스스로를 "퀴어"라고 부른 사람들은 특히 레즈비언과 게이였지만—이성애적 규범 밖에서 살고 사랑했기 때문에— 이후에는 성 정체성의 다양성을 일컫기 위한 집합 개념이 됐다.

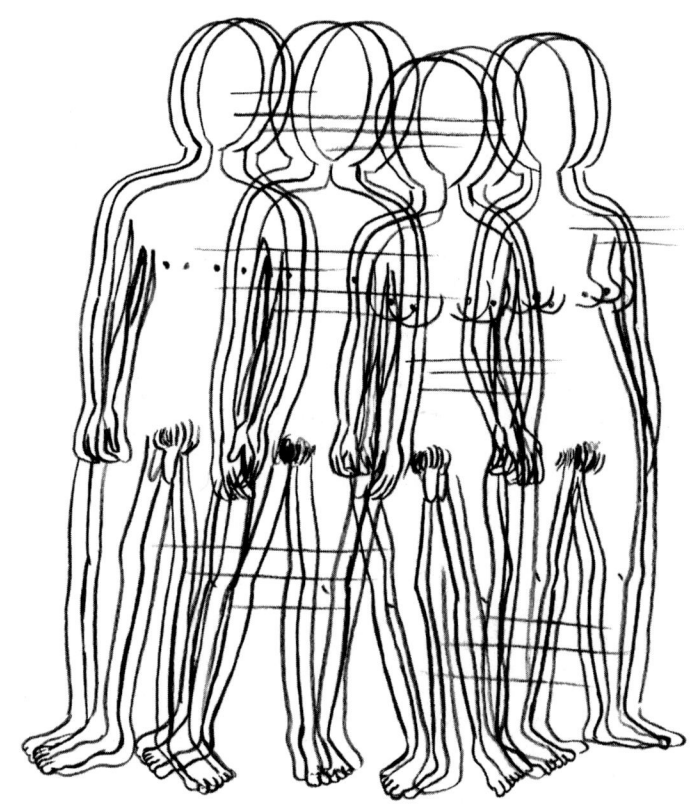

간성(분명한 성 정체성이 없는 사람들), 트랜스섹슈얼(출생 시 부여된 성과 다른 성을 갖고 있는 사람들), 바이섹슈얼(남성과 여성 모두를 사랑하는 사람) 등도 오늘날 "퀴어"로 규정된다. 이 모든 정체성들은 LGBTQI(레즈비언-게이-바이-트랜스-퀴어-인터)라는 약어로 표현되며 여기에는 언제라도 새로운 개념이 추가될 수 있다.

원래 누가 어떤 집단에 의해 배제되는지를 의심의 눈으로 관찰하는 정치였던 "퀴어"는 이제 정체성적 레이블로 이해되기도 한다.

제3의 물결 페미니즘

1980년대 여성 운동은 다양한 방향으로 분화한 반면 더 이상 "전투력을 갖춘" 운동으로 보이지 않았다. 동시에 그들의 업적에 반대하는 운동이 생겨났다. 일부 남성들은 자신들의 특권을 지키기 위한 캠페인을 벌였는데, 언론인 수잔 팔루디 (1959년 출생)는 1991년 《반발*》이라는 책에서 이를 분석했다. 그와 반대로 일부 여성들은 성평등이 실현됐다는 이유를 들어 페미니즘을 낡은 것으로 여기며 자신들을 "포스트페미니스트"라고 불렀다.

이 트렌드에 맞서 1990년 미국에서는 새로운 운동이 조직됐는데 이를 "제3의 물결"이라 부르기도 한다.

이 개념은 미국에서 왔으며 유명 작가 앨리스 워커의 딸인 레베카 워커(1969년 출생)의 성명서로부터 비롯됐다. 그는 1992년 한 강간범이 무죄 판결을 받은 데 대한 반향으로 이 성명서를 썼다.

"이 글은 모든 여성들, 특히 내 세대의 여성들을 향한 호소입니다. 여러분은 한 여성이 겪은 일을 이렇게 묵살하는 데 대해서 분노하게 될 것입니다.
이 분노를 정치적 권력으로 승화시킵시다. 우리를 위해 일하지 않는 한 표를 주지 맙시다. 당신들의 자유에, 그리고 몸과 삶을 스스로 결정할 수 있는 데 우선권을 주지 않는 한 그들과 동침하거나 빵을 나누지 맙시다.
나는 포스트페미니즘 페미니스트가 아닙니다. 나는 제3의 물결입니다."

이 운동으로부터 다양한 프로젝트가 생겨났는데, 팝컬쳐와 페미니즘을 이어 주는 《라이엇 걸》이나 2008년 창간된 독일의 《미시》 매거진과 같은 잡지가 그 예다.

혁명적인 여자들의 스타일!

다이어트 대신 반항

난 잡 한 년

페미니즘의 다양한 "물결" 속에서의 세분화가 여러 가지 관점에서 문제가 있음에도, 그리고 이 집단 내부에서도 상당히 다양한 입장이 대두되고 있음에도 "제3의" 물결이 "제2의" 물결과 구분되는 지점은 있다. 그들은 여성과 남성이 원칙적으로 대립한다는 사상을 거부하고 여성성에 대한 "자연적인" 상을 비판하며…….

전통적인 정치 형태에 대해 회의적인 대신 인터넷과 같이 느슨한 네트워크의 형태를 선호한다.

도서

10쪽 《하나님 아버지를 넘어서》
Mary Daly, 《Beyond God the Father: Toward a Philosophy of Women's Liberation》, Beacon Press, 1973.

12쪽 《단순한 영혼의 거울》
Margarete Porete, 《Le Miroir des âmes simples》, Albin Michel, 1997.

14쪽 《여성들의 도시》
Christine de Pizan, 《Le Livre de la cité des dames》, Stock, 1986.

17쪽 《남녀평등》
Marie de Gournay, 《Égalité des Hommes et des Femmes》, 1622.

20쪽 《프랑켄슈타인》
Mary Shelley, 《Frankenstein》, Lackington, Hughes, Harding, Mavor & Jones, 1818.

21쪽 《여성의 권리 옹호》
Mary Wollstonecraft, 《A Vindication of the Rights of Woman》, Broadview Press, 1997.

22쪽 《여성과 여성 시민의 권리에 대한 성명》
Marie Gouze, 《Déclaration des droits de la femme et de la citoyenne》, Mille et une nuits, 2003.

29쪽 《노동자 연합》
Flora Tristan, 《The Workers Union》, University of Illinois Press, 1983.

33쪽 《사랑, 여성 그리고 결혼에 대한 반프루동적 사상》
Juliette Adam, 《Idées antiproudhoniennes sur l'amour, la femme et le mariage》, A. Taride, 1858.
《반페미니스트들》
Hedwig Dohm, 《Die Antifeministen》, Verlag Arndtstrasse, 1976.

38쪽 《직업에서의 여권》
Louise Otto-Peters, 《Das Recht der Frauen auf Erwerb》, Leipziger Universitäts-Verlag, 1997.

39쪽 《여성의 종속》
John Stuart Mill, 《Subjection of Women》, Hackett Publishing Co, Inc, 1988.

48쪽 《제2의 성》
Simone de Beauvoir, 《Le Deuxième Sexe》, Gallimard, 1949.

50쪽 《다른 여성의 검시경》
Luce Irigaray, 《Speculum. De l'autre femme》, Editions de Minuit, 1974.

61쪽 《성의 변증법》
Shulamith Firestone, 《The Dialectic of Sex: The Case for Feminist Revolution》, William Morrow, 1970.

71쪽 《여성, 인종 그리고 계급》
Angela Davis, 《Women, race and class》, The Women's Press Ltd, 1982.

77쪽 《여성의 자유는 어떻게 생겨나는가》
《Non Credere di avere dei diritti: La generazione della libertà femminile nell'idea e nelle vicende di un gruppo di donne》, Rosenberg & Sellier, 1987.

79쪽 《젠더 트러블》
Judith Butler, 《Gender Trouble》, Routledge, 1990.

82쪽 《반발》
Susan Faludi, 《Backlash: the undeclared war against American women》, Crown Publishers Inc.,1991.

페미니즘의 작은 역사

1판 1쇄 발행일 2016년 11월 25일
1판 3쇄 발행일 2020년 9월 3일

글 안체 슈룹
그림 파투
옮긴이 김태옥

펴낸이 김경미
편집 김유민
디자인 이슬기

펴낸곳 숨쉬는책공장
등록번호 제2018-000085호
주소 서울시 은평구 갈현로25길 5-10 A동 201호(03324)
전화 070-8833-3170 **팩스** 02-3144-3109
전자우편 sumbook2014@gmail.com
페이스북 /soombook2014 **트위터** @soombook

ISBN 979-11-86452-17-2 **값** 13,000원

잘못된 책은 구입한 서점에서 바꿔 드립니다.

이 도서의 국립중앙도서관 출판시도서목록(CIP)은
서지정보유통지원시스템 홈페이지(http://seoji.nl.go.kr)와
국가자료공동목록시스템(http://www.nl.go.kr/kolisnet)에서
이용하실 수 있습니다. (CIP제어번호: CIP2016027916)